谋划你的未来职业

小多传媒 / 编著

潘铁豪　马陈俐 / 改写

上海教育出版社
SHANGHAI EDUCATIONAL
PUBLISHING HOUSE

图书在版编目（CIP）数据

谋划你的未来职业 / 小多传媒编著；潘铁豪，马陈俐改写. —上海：上海教育出版社，2024.4
（"未来少年"书系）
ISBN 978-7-5720-2564-8

Ⅰ.①谋… Ⅱ.①小… ②潘… ③马… Ⅲ.①职业选择－青少年读物 Ⅳ.①C913.2-49

中国国家版本馆CIP数据核字(2024)第061270号

策划编辑　刘美文　王　璇
责任编辑　王　璇　陈月姣
封面插画　范林森
装帧设计　TiTi studio
内文插图　部分出自《少年时》及网站freepik (http://www.freepik.com)，部分由AK绘制

谋划你的未来职业
MOUHUA NI DE WEILAI ZHIYE
小多传媒　编著
潘铁豪　马陈俐　改写

出版发行　上海教育出版社有限公司
官　　网　www.seph.com.cn
地　　址　上海市闵行区号景路159弄C座
邮　　编　201101
印　　刷　苏州工业园区美柯乐制版印务有限责任公司
开　　本　700×1000　1/16　印张8.25
字　　数　72千字
版　　次　2024年5月第1版
印　　次　2024年12月第2次印刷
书　　号　ISBN 978-7-5720-2564-8/G·2258
定　　价　40.00元

如发现质量问题，读者可向本社调换　电话：021-64373213

推荐序

相伴"少年时" 共谋未来事

2023 年春，我应小多传媒之邀，参加了全程直播的"少年时 100 科学阅读大会"。此次活动以《少年时》出版 100 期为契机，召集多位关心科学教育发展的专家学者，连线全国各地的《少年时》读者家庭，一道探讨家庭教育的智慧和幸福之道，话题涉及阅读与写作、跨学科思维、科学与理性、情感和心理、审美能力等方面内容，丰富而厚重。

如今呈现在大家面前的"未来少年"书系，我想应该就是前述活动的深化与延续了。这是一套由一支高水平团队打造的尤其适合学生课外阅读的图书，堪称提升少年朋友科学和人文综合素养的极佳读本，特别是，对成长于新时代的少年朋友们最有助益。

为什么这么说？

国外有教育界人士尖锐地指出，当下的学校教育和创新需求越来越强的世界之间是完全脱节的。创新的迅猛发展正在迅速淘汰社会结构中稳定的例行职业，蚕食经济体系中的传统工作机会。企业都希望能聘用到凭借创造力去解决实际问题的人，希望这些人能不断找到新方法，为组织增值。因此，这激发了教育工作者的思考：什么才是教育中真正重要的东西？如何为少年朋友们重塑教育，开辟一条更有可能成功的路？

其实，爱因斯坦早在 1936 年所作的一次演讲中，就曾表达过这样的意思。他说："教育的首要目标永远是独立思考和判断的总体能力的培养，而不是获取特定的知识。如果一个人掌握了他的学科的基本原理，并学会了如何独立地思考和工作，那么他肯定会找到属于自己的路。"

另一方面还要看到，我们的教育体系通常都着力于推动学生学习数学、语言、科学和其他"硬技能"的发展，而不太重视人文学科、创作类学科（如音乐、艺术）、元认知技能等所谓"软技能"的培养。针对这一缺憾所提出的 21 世纪技能则包含以下几个方面：学生的批判、探究与创新能力；数字技术的掌握、应用能力；各类文化、社会的适应和实践能力。上述诸方面，"未来少年"书系恰恰都有所涵盖。

事关一个人成长发展的素养，通常可以从多个方面进行考量，最核心的素养，我认为概略说来是两种：科学素养与人文素养。而人的素养的提升，在很大程度上是通过阅读来实现的。这当然不能局限于学校内课程学习中的阅读。

成长中不能没有书香，就像生活里不能没有阳光。阅读滋以心灵深层的营养，让生命充盈智慧的能量。

相伴"少年时"，共谋未来事！

愿"未来少年"书系能够铺展开少年朋友们认识世界的一扇扇窗，也承载一个个梦想起航。愿大家能够感悟创新、创造的奇迹，获得开启心智的收益。在阅读中思考，在思考中进步，在进步中成长！

尹传红

（科普时报社社长、中国科普作家协会副理事长）

总　序

亲爱的少年朋友：

你们好呀！先做个自我介绍——我是"未来少年"书系的主编周群，非常荣幸能在这个充满梦想和挑战的时代与你们相遇。

让我们来个小热身，想象一下，如果你能和世界上最聪明的人对话，如果你能随时随地穿越到任何一个科学领域，如果你能掌握一种魔法，让你的学习变得轻松有趣，那该多好！告诉你，这并不是梦，这一切的美好，都在我们这套书系里。

对，就是这套"未来少年"书系！

作为主编，我要郑重其事地向你们介绍这套书系的特点：

第一，这是原作者、编者、编辑们共同为你们精心打造的一份礼物。

它的诞生，源自一个简单而伟大的愿望：为未来的中国培养具有核心竞争力的青少年。因为我们深知，未来的世界将充满挑战和机遇，而你们，正是这个未来的主角。通向未来的路就藏在你们的好奇心和求知欲中。

　　我们从《少年时》的 100 多册辑刊、2000 多万字的原创篇目中，提取主题内容，经过精心整合和重构，为你们带来了第一辑精彩纷呈的五本书。我们根据同学们的阅读能力和认知特点，将这些内容进行了精心的改写和编排。希望通过我们的智慧和努力，将复杂深奥的知识转化为同学们能够理解和接受的语言，让你们在阅读的过程中既能感受到知识的魅力，又能感受到学习的乐趣。

　　第二，这套书系的内容极其丰富。

　　书系内容涉及科学、文学、艺术、历史、地理等多个领域。每一本书都是一个独立的世界，每一个故事都是打开少年读者心灵的一扇窗户。在这里，你们可以与历史上的英雄对话，可以探索宇宙的奥秘，可以理解艺术的魅力，可以体验运动的快乐，可以感受生活的趣味。在这里，你们将遇见来自世界各地的科学家和学者，他们会用最前沿的研究成果，为你们揭示科学的奥秘、文化的精髓。你们会了解到，无论是微观世界的粒子舞蹈，还是宏观宇宙的星辰闪烁，都是我们共同探索的对象。这些知识不再是枯燥无味的课本内容，而是变成了一个个生动的故事，等待着你们去发现、去感受、去思考。

　　每一本书都像是一扇神秘的大门，等待着你们去推开，去发现里面的宝藏——

《我们该怎样学习》将带你发现自主学习的秘密，让你在知识的海洋中遨游，不仅会教你如何学习，更会教你如何享受学习。

《读懂青春期》则是你们的贴心小伙伴，它会帮你理解自己的情感和身体变化，让你在成长的道路上更加自信。

《每个人都有幸福的能力》，将教你如何在日常生活中找到快乐的源泉。它会告诉你，幸福并不是远在天边的梦想，而是近在咫尺的小事。

而《聊聊写作这件事》则是你的创意伙伴，它会激发你的想象力，让你的文字充满魅力。

最后，《谋划你的未来职业》这本书，将带你一起规划未来，让你的梦想不再遥远。它会告诉你，未来的世界充满无限可能，而你，就是那个能够创造可能的人。

相信通过对第一辑五本书内容的介绍，你还能发现这套书系的第三个特点——跨学科性和实用性非常突出。

原作者和编者们不仅关注科学知识的传授，更重视人文素养的培养和能力的提升。我们希望通过这套书，帮助你们在建立起完整的知识体系的同时，拥有独立思考和解决问题的能力，更具备科学精神和人文关怀相结合的思维方式，让你们不仅能更好地理解当下的世界，也能更好地适应未来，成为未来社会的建设者和领导者。

为了把这套书打造成真正助力你们人生远航的导航仪和望远镜，我们还为这套书配备了一线名师的微课视频。这些资源将帮助你们更深入地理解书中的内容，更全面地掌握知识，更有效地提升自己的能力。想象一下，就像有一群知识渊博的大朋友，随时准备回答你的每一个"为什么"，陪伴你一起成长。

综上所述，作为主编，我更愿意把这套"未来少年"书系称作"桥梁书"——因为它不仅仅是一系列书籍，更是一座连接现实与未来、传统与创新的桥梁。

最后，我谨代表所有参与这项编写工作的老师和编辑祝福你们！愿你们在"未来少年"书系的陪伴下，成长为有知识、有能力、有情怀的新时代少年，成为未来社会的栋梁之材。祝愿你们在知识的海洋中自由遨游，在成长的道路上越走越远，在梦想的天空中绽放光芒！

你们的大朋友

"未来少年"书系主编周群

2024 年 3 月 28 日，于北京孚王府

导　言

　　亲爱的少年朋友，接下来我们要讨论的话题有关未来的职业选择。

　　相信在你成长的过程中，肯定不止一次被人问到过下面这些问题：

　　"长大以后你想做什么？"

　　"未来你想从事什么职业？"

　　"对于以后的工作你有什么打算？"

　　……

　　那你又会做出怎样的回答呢？是觉得现在想这些问题太早还是已经在内心中有了自己的打算？要知道，在你呱呱坠地不久，你就已经和"职业"产生了联系。周岁时举行的"抓周"习俗，就是流传自中国南北朝时期的"职业选择"，无论抓到哪一样，都寄托了亲人对儿童未来职业的美好祝愿。

　　小时候的你，可能幻想过自己日后成为一名科学家或者一名宇航员，当然类似的答案还有军人、警察、医生、老师等。也许那时候的你以为自己只是在幻想"角色"，却不知道幻想里早就埋下了"职业"的种子。

而当你不断成长，掌握不同的知识，学习不同的本领，显露出某些方面的特殊能力，开始朝着一些特定方向做出自己的改变之际，你正一步一步地让自己不断契合适合自己的未来职业。

现在，你还会觉得思考自己的未来职业为时过早吗？

当你清楚要从阅读的此刻开始谋划，那我们也会在这本书中不断引导你去了解职业、认识职业，以及为将来真正做出自己的职业选择做好准备。

我们会立足当下，带你真正认识"职业"，扭转大家对"职业"产生的那些常见错误印象。我们也会紧跟时代发展潮流，带你了解当下新鲜、炙手可热的职业发展趋势。当然啦，放眼未来也必不可少，因此我们还选取了不少科幻电影，试着用其中尚未成真的"未来职业"来激发你的思考。

那么现在，请你拿好手中的书，让我们一起坐上这趟驶向未来的职业快车，三、二、一，一起出发吧！

目　录

CHAPTER ONE

认知篇｜灵魂大拷问：认识职业

CHAPTER TWO

演练篇｜妙用小工具：提升竞争力

03
CHAPTER THREE

超越篇｜修炼元技能：应对未来

CHAPTER ONE

认知篇

灵魂大拷问：认识职业

灵魂大拷问：
你真的了解职业吗？

亲爱的小读者，在你正式进入这趟职业阅读旅程之际，我想先请你回忆一下"职业"这个词，在你的脑海中是如何定义它的？

是不是觉得既熟悉又有些陌生？没关系，我们来看看下面几个问题是不是可以帮到你。

你是否在课堂上被老师问过："你的梦想是什么？"

你是否在爸爸妈妈的讨论中被提到："孩子，你以后想做什么？"

你是否在假期中参加过一些"职业体验活动"？比如做医院的引导员、图书馆的志愿者，抑或是和同学一起穿上小马甲在街头巷尾开展宣传活动。

你又是否在媒体报道中听到过类似"××后整顿职场""××年就业形势"等和"职业"这个词语相关的消息？那么我们回到最初的问题，你真的了解职业吗？

现在，让我们一起来看看，古往今来人们对于"职业"是怎样定义的吧！

谈到一个词语的定义，现在我们会习惯性地打开搜索引擎看看网络百科是怎么说的。比如在中文世界的网络百科中，对于"职业"一词就给出了这样的定义：

职业（Occupation），根据中国职业规划师协会的定义，是性质相近的工作的总称，通常指个人服务社会并作为主要生活来源的工作。在特定的组织内它表现为职位（即岗位，Position），我们在谈某一具体的工作（职业）时，其实也就是在谈某一类职位。每一个职位都会对应着一组任务（Task），作为任职者的岗位职责。而要完成这些任务就需要这个岗位上的人，即从事这个工作的人，具备相应的知识、技能、态度等。

简单来说，"职业"就是你目前正在从事的可以让你获得温饱的工作。我们的小读者目前以及之后的很长一段时间内，在填写关于"职业"一栏的表格文件的时候，需要填写的都是"学生"。

但"学生"这个"职业"好像既没有办法给社会带来服务，也没有办法创造价值维持我们的生活，那这又是怎么一回事儿呢？

查阅《中华人民共和国职业分类大典（2022 版）》会发现，我们的职业具体划分为 8 个大类、79 个中类、450 个小类、1639 个细类（职业）、2967 个工种。其中的 8 个大类分别是：

第一大类　党的机关、国家机关、群众团体和社会组织、企事业单位负责人

第二大类　专业技术人员

第三大类　办事人员和有关人员

第四大类　社会生产服务和生活服务人员

第五大类　农、林、牧、渔业生产及辅助人员

第六大类　生产制造及有关人员

第七大类　军队人员

第八大类　不便分类的其他从业人员

所以大家填写的"学生"这一"职业"，其实可以归入第八大类"不便分类的其他从业人员"。

了解了我们的职业构成之后，本书将引导读者朋友思考：职业将带给我们什么？除了用时间换取报酬之外，我们还能通过职业获得什么？这些问题会影响我们对于未来职业的判断和选择。

《31 种幸福之道》的作者艾维希·辛格曾说，"工作不但是谋生手段，而且赋予你社会地位。你还可以通过自己的职业做出有意义的贡献，以此参与世界的改善"。苏联教育家克鲁普斯卡娅也表示，"选择职业对于加入劳动大军的青年具有重大的意义，因为从事符合自己兴趣和能力的劳动比从事违反本性的劳动要使人愉快得多"。

那么下一章，我们将一起探讨把自己喜欢的事情变成工作是否真的可行。

把爱好当作职业，可行吗？

"我能按照自己的意愿决定将来要做什么吗？"

你是否曾经和父母讨论过这个问题？你还记得爸爸妈妈的回答是什么吗？

原则上讲，这个问题的答案很简单，应该是"可以"，毕竟在人生的众多场景里我们都会听到一句"随心而动"（follow your heart）。但现实中，职业的选择真的如此简单吗？职业和爱好之间的区别是什么？我们要怎么做，才能将职业和爱好结合在一起呢？

在上一章我们已经简单地了解了职业的概念，那在此不妨让我们先探讨一下"爱好"的定义。

兴趣爱好从哪里来

在我们的成长过程中，随着我们接触到的事物越来越多，我们也许会对其中的一些痴迷。你是不是有过这样的时候：在深夜读一本书而不知黎明已经悄悄来到；喜欢把各种液体混合在一起，观察其间的奇妙反应；听到一首曲子后，特别想学着哼唱或弹奏……这些都可能是一个爱好的开始。

关于我们的兴趣和爱好来自哪里这个问题，一些研究人员认为，兴趣和爱好是人们生来就有的。例如，我喜欢种植蔬菜，那么我大概率会去寻找和蔬菜种植有关的职业；另外一些理论家认为，兴趣和爱好是逐步发展起来的，所以我们可以慢慢培养。比如，你在做博物馆的讲解志愿者时，发现了自己对历史的爱好。

但是不管怎样，爱好通常是一些可以让我们享受其中的事情。当一个东西引起我们的兴趣或者让我们感到好奇的时候，我们愿意去探索，在这个

过程中，我们收获了快乐甚至爱好。爱好能激发我们的灵感，激发我们对生活的热情，我们可以为了爱好不计回报。

职业 = 爱好，可行吗？

在现代社会中，职业是大部分人生存的基础，拥有一份能满足自己或家庭需求的职业，建立自信、自尊，赢得一定的社会地位，让自己感到成为社会的一分子，更不用说还可以带来收入。因此，当我们面临职业选择时，将自己与社会和其他人分开是很难的，我们的决定必然受到外界的影响，甚至会承受一定的社会压力。这有可能是父母替我们做出的决定，或者是受到朋友的影响，也有可能来自自己内心的忧虑或恐惧。

如果一味地以追随内心的爱好为选择职业的标准，当找不到与自己爱好相符的工作或者不知道有哪些工作符合自己的爱好时，人往往会觉得被社会所隔离。而即便找到与爱好相符的工作，也并不是

每个人都能达到工作的要求，这样会不会反而摧毁了原有的爱好？

这样看来，我们的爱好并不一定能成为我们职业的一部分。但谁不想每天都做爱好的事情并且还能从中获得收入呢？

我们可以做些什么来弥补或克服爱好与职业之间可能出现的不一致呢？事实也的确证明，一个人对所做的事情拥有爱好和高度热情时，会更有主动性和创造力。

职业 vs 爱好，如何选择？

虽然我们生活在一个万事皆可能发生的世界，但是我们还是需要做出适合自己并且可实现的抉择。要做到这一点，起点必然是对自己的认识，这主要包括以下三类认识：

1. 对自身能力的认识：想想自己想要达到的目标以及拥有哪些实现这个目标所必需的才能。问问自己：我的优势和弱点分别是什么？我最擅长什么？

2. 对自身兴趣爱好的认识：我到底爱好什么？在自己喜爱的领域中有哪些爱好是你热爱到愿意作

为终身事业的?

3. 对自身价值观和行为风格的认识:我最重视的东西是什么?我所期待的未来生活是充满变化的还是趋于稳定的?我对风险的承受力如何?我更倾向于合作还是自力更生?

有必要的话也可以考虑做做职业性格测试,但切记不要让这类测试完全替代你的决定。

当你对自己有了比较清楚的认识后,你也许会发现你所爱好和擅长的与社会所需要的可能非常不同,这是难以避免的现象。但这不意味着我们可以忽视所面对的世界的需求,特别是未来发展的可能趋势。关于这个问题,我们会在之后的章节展开分析。

我们应该都曾听到过这样的故事:两个拥有同样爱好的年轻人选择了不同的职业,最终的生活截然不同。例如,两个既热爱舞蹈又有才华的年轻人在高中毕业时做了不同的选择:一个选择进入芭蕾

舞学校成为职业舞蹈演员，另一个选择进入一家著名法学院深造。20 年后，后者成为律师，既有社会地位又很富有，而选择舞蹈专业的人也许因为年龄和疾病已经退出了舞台。

在你看来，谁的选择更正确呢？

相信会有很多人认为当初选择去法学院的年轻人做了正确的决定，因为从故事的结果上来看，这位律师似乎比舞蹈演员更成功。

但这些看法来自我们的猜测，都只是我们根据自身感受和社会主流评价标准做的假设。

"你对自己的生活满意吗？你是否感到幸福？"

我们并没有从两人的口中得到过这些问题的答案。选择成为舞蹈演员的年轻人一直从事着自己热爱的事情，他的幸福感受也许并不少于他的律师同学。关于对自己的选择是否后悔，只有他们自己知道答案。

看到这里，亲爱的小读者们，你们心里是否已经在爱好与职业之间做了一定的衡量呢？抑或是打算慢慢探索两者相平衡的可能性呢？

　　不管是职业还是爱好，对我们的生活而言，都是不可缺少的，我们都希望有生活目标，都希望自己所做的事是有价值的。我们一生都在了解新的事物，如果把自己的爱好与职业限定得过于严格，不仅会让人选择狭窄，还会丧失很多了解自己的机会。

学历和技能，哪个更重要？

"浙大学霸应聘机场驱鸟员"，"普通安检员岗位要求大学本科及以上学历学位"，"基层工作岗位中不少人毕业于清华、北大"。

当以上这类新闻频繁占据社会版面的头条时，我们似乎能得出这样一个结论：在就业方面，高学历依然占有优势。

擅长读书的人，真的会拥有更好的工作机会吗？

从性质上看，人力资源市场既然是市场，就必然会存在供需不完全匹配的现象。由于学历教育未能满足用人单位的要求，大企业不得不对入职者进行半年到一年的入职教育，补充职业所需要的技能与知识。在这样一个技术变革日新月异、职业趋势不断变化的现代社会，学历和技能究竟哪个更重要呢？

从业敲门砖：资格证书

计算机程序员、服装导购、牙科保健师、餐饮部经理、房地产经纪人……这些在美国薪资排名靠前的职业中，有的仅要求大专以上学历，有的则对学历没有要求，只需相应的职业教育凭证，也就是所谓的"资格证书"即可。

什么是资格证书？为何当下职业资格证书会在市场上越来越吃香呢？

资格证书是从事某种职业应具备的条件或身份证明。我们所熟悉的需要资格证书的职业有医师、建筑师、教师、律师，等等。

站在求职者的角度，因为求职针对性强，所以可以根据实际需要，获得相应的资格。而获取资格证书的过程不仅成本低，而且花时少、性价比高。比如在中国获得的微软公司的系统工程师职业资格认证，在日本与欧美国家同样认可。

站在雇主的角度，资格证书将技能和岗位直接挂钩，企业得以精准捕获人才，从而提高生产效率，增加经济效益，大大避免了人力资源的浪费。

何况也并非人人都有兴趣和能力去继续攻读学位，对于很多人而言，拿到从业的资格更为现实。

想必你一定很好奇，获取资格证书的途径有哪些呢？

当然还是要通过测试。

不过，除了学历教育外，还可以通过培训班或自己备考的方式考取，当下兴盛的职业教育也成为获取资格证书的重要渠道。

职业教育的前世今生

职业教育是在何时被提出，又在何时崛起的呢？

职业教育的出现可以追溯到古希腊时代。只不过，代表着职业教育成果的商人和工匠在那个年代的社会地位相对较低。

而从几个国家典型的职业教育发展轨迹中也不难看出，职业教育在近代以来的发展十分坎坷。即便曾经出台过相关的法律法规，加拿大也因资金不足、吸收移民填补岗位等原因致使职业教育搁浅。以色列的职业教育曾经被认为是国家重建中的重要元素，但由于社会价值观的转变，职业教育也逐渐变得不再那么受欢迎。在美国，为职业教育开设的教室甚至一度被挪用来容纳有行为问题的学生。

无疑，在技术型、应用型人才主宰的现代社会，这些国家对于职业教育的重视不够从而为后续的发展埋下了隐患。

唯独有一个国家，成为各国职业教育的楷模——德国。

在德国，如果不去上大学，18岁之前的年轻人有义务进行就职训练。在3年中，每两个星期去一次职业学校，每周3—4天在企业等地接受职业训练。而选择进入大学的学生，毕业后仍需要进行专门的职业训练。

这种企业和学校联合培养人才的"双元系统"吸引了大量年轻人。受到社会理念的影响，德国企业对职业培训也非常积极，让年轻人快速掌握技能，最终使整个社会受惠。怪不得，在年轻人失业率居高不下的欧洲，德国的失业率最低。

读到这里，你一定会问："那中国呢？"

中国职业教育的发展历程可以追溯到 20 世纪 50 年代。2022 年 5 月 1 日，新修订的《中华人民共和国职业教育法》正式施行，再一次强调了在"提高劳动者素质和技术技能水平，促进就业创业、建设教育强国、人力资源强国和技能型社会"的道路上，职业教育的地位举足轻重。当下，国家也正在采取措施，拓展就业渠道，稳步发展职业教育。

种种迹象表明了职业教育的前途明朗，这是否意味着以后就不用绞尽脑汁上大学了，考一个资格证书就可以直接就业了？

学　　历	2016 年就业情况	
	人数（千人）	所占百分比
总计	156063.0	100.0
博士学位	4230.0	2.7
专业学位	2670.6	1.7
硕士学位	33372.4	21.4
学士	3617.9	2.3
副学士	9582.9	6.1
专科学院	3858.4	2.5
高中学历或同等学历	61504.1	39.4
没有正规的教育证书	37226.7	23.9

学历和技能——未来的选择

美国曾做过一份关于雇佣与学历关系的预测，从结果中不难看出，未来的就业环境对学历教育增长的需求依然占有很大的比例。

我们似乎遇到了一个无解题，一方面人才需求与教育不一致，另一方面社会依然普遍重视学历教育。

既然这样，我们不妨尝试分析一下学历教育的重要性，看看能否得出合理的解释。

社会重视学历，往往是因为他们认为学历是衡量求职者智力水平的可靠指标。跟对号入座的资格证书不同，学历教育是为了拓展学生的知识面，为其职业生涯奠定学术基础。换句话说，在你拥有高学历的基础之上，如果拥有相应的资格证书，也许更有机会获得满意的职业。

看来，我们必须正视这样的事实：在当今的就业市场，资格证书很重要，但是学历依然不可或缺。

高等教育的目标是培养"全面发展"的人才，让他们用健全的世界观和价值观了解自己所在的变幻莫测的世界，所谓的行业只不过是一个基本概念。当下的趋势是更多的学生把更多的金钱和精力花费在以就业为终极目标的高等教育上。

我们未来要面对的是人工智能兴起的问题，如果有一天，人工智能取代人类，我们将如何选择职业？大家同为失业者，人工智能生产出来的产品销售给谁？生产商赚谁的钱？

如果有一天，温饱不再是问题，工作不再是谋生的唯一手段时，我们又该如何看待自己的学习目的？

关于正在到来的未来，学历和技能，你会怎么选择呢？

"自学成才"能否突出"职业重围"?

有一个人家境贫寒，初中毕业后就读于上海中华职业学校，因交不起学费而中途退学。大家猜一猜，这样的成长经历会造就怎样的人生？

大家知道吗，这位主人公，正是我国著名数学家华罗庚。辍学期间，华罗庚一边帮助父亲打理小店铺，一边学习。夏天不顾天气炎热、蚊虫叮咬，冬天不顾严寒，起早贪黑，每天都是如此。靠着惊人的毅力，他自学完成高中及大学的数学课程，为将来钻研数学打下了基础。

对数学的兴趣支撑华罗庚自学成才。假如我也同华罗庚一般，对某一领域报以十分的兴趣，那于我而言，"自学成才"是不是一条可行的路径呢？

自学优劣大探究

在基础知识的储备和专业技能的培养上，"自学"与体制化的学校教育相比，具有一定的优势。我们可以将其总结成便捷化、个性化。

在笔墨纸砚都非常珍贵的古代，学习被视作贵族的特权。但现在，我们不仅可以借阅纸质读物，还能通过互联网获取大量合适的学习资源，"便捷化"可谓信息化时代的福音。此外，灵活的学习时间和地点是"自学"的一大优势。

"个性化"则体现在学习内容和过程上。学校规定的课程中，不一定囊括你所擅长或感兴趣的专业知识。但自学者的学习内容和进度都可以根据自己的个性化情况来设计。再者，假设有一位八年级的学生，他的数学水平只有小学高年级水平，而英语则达到了高中水平，那这位学生可以在自学模式

下为自己定制一套跨年级但最适合的个性化学习方案。

看来自学似乎是一个好的选择，对吧？那我们再来客观地说说自学的问题吧。

其实我们上面提到的学习还不够具体，它也可以是学习乐器、语言、烹饪等。如果一名自学者以神经科医生为职业目标，那他就要自学认知神经科学，核磁共振扫描仪、眼动仪、经颅磁刺激仪等学习中必需的仪器设备，普通人接触到的概率微乎其微。但如果是在学校接受教育，原本昂贵的仪器和设备能得到多人的反复使用，成本就变得可以接受了。

过去的经验告诉我们，学校的教育能给企业、科研机构或是社会的不同领域培养人才和高素质的公民。如此一来，企业和科研机构便会给学校里的学生提供丰富的实习机会，不少学校也有一定渠道和国外院校合作，提供交换留学的机

会。这些都是只有学生这一身份才享有的制度化的资源福利。

最重要的一点，我们都知道种子的发芽除了需要看得见的土壤，还需要看不见的空气。对于人的学习和成长而言，看不见的软件就是学习环境。身处学校，学生不知不觉间就会受到学习文化的感染。

不难看出，自学是一件相对孤独的事情。没有友人的鼓励和老师的督促，大部分一时兴起的自学往往容易半途而废。

我适合自学吗？

亲爱的小读者，看到这里，你一定会觉得开篇的问题似乎更难回答了，自学成才究竟是不是一条可行的路径呢？

先不急，我们不妨先看看自己是否符合自学的一些必要条件吧！

完全依靠自学来成才，哪怕在愈发便利的学习环境中，也绝不是一件容易的事情。因为无论是哪种学习方式，"成才"都要面临来自同辈的竞争。所以，靠自身的努力自学成才，或多或少要具备下面所列的这些条件。

首先，自身拥有极强的学习能力和自律能力。 虽然可供自学的材料有很多，但也需要进行筛选、学会利用，而且要有足够强的学习能力和敢于试错的勇气。但和缤纷的娱乐游戏相比，学习材料总是相对枯燥无味的。如果没有足够强的学习动力和自律能力，就可能陷入懒惰的旋涡中。

如同前文中提到的，学习环境对于学习者而言有其不可或缺的重要性。那自学者要如何为自己创造良好的学习环境呢？

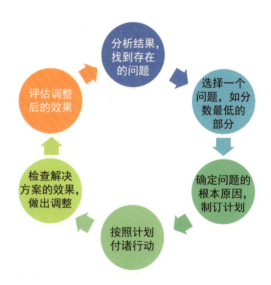

分析结果，找到存在的问题

选择一个问题，如分数最低的部分

确定问题的根本原因，制订计划

按照计划付诸行动

检查解决方案的效果，做出调整

评估调整后的效果

其次，建立积极主动的人际交往习惯。对于自学者而言，丧失了学校这样一个特定的学习与社交场域，他们更需要主动去寻找并结交"同学"，积极主动的人际交往习惯能避免让自身落入"独学而无友，则孤陋而寡闻"的境地。

最后，家庭教育能起到良好的引导作用。好的家庭环境更能帮助他们"自学成才"。

职业重围下的成才之路

实际上，我们所生存的当下不仅是一个信息便利的时代，也是一个知识大爆炸和专业细分的时代。

21世纪的今天，人类所累积的知识已经长成了一棵参天大树。每个学科都长出了更细的分支，如生物学就包含了生态学、微生物学、细胞生物学、分子生物学等细分领域。要想在某一领域取得一定的进展，最佳方式不再是自学，而是进入专门的教育或培训机构，即学校。因为学校里设计的每种课程都是无数专业人士的智慧结晶。

虽然我们也会听到社会上对标准化学校教育的抱怨，但每当用人单位在招聘时，还是会优先选择从标准化学校里出来的高学历者。因为在各种校园活动或是社团活动中锻炼出来的一些能力，如理解能力、协调能力、组织能力等都是职场必备的基本素养。因此，学校几乎是人们成才之路上的必经之地。

但是，如果将学习放在人生的尺度上看，那在一生中的大部分时间里，人们并不是在学校里依靠教师的指导来学习，而更多地在社会中自学。如果中学只需接受教师传递的知识，

那大学里的学习很大程度上依靠个人的主动学习，如选择各门课程、阅读大量的书籍和文章。而迈入职场后，你也会发现自己在学校里学的内容还远远不够。要想解决工作项目中的具体问题，不仅需要职场前辈的指导，还需要自学许多知识和技能。

　　未来社会技术不断迭代，加速进步，工作内容可能随时要求就业者做出调整或拓展。虽然这些活动往往要建立在掌握一定知识架构、思维方式和学习方法的基础上。但任何一个想要跟上时代的潮流、做出一番成就的人，都需要具备自学的习惯和能力。完全依靠自学不一定能成才，但完全不懂自学一定也无法成才。

02

CHAPTER TWO

演练篇

妙用小工具：提升竞争力

未来的职业变化

自动驾驶的汽车、输入关键词即可自动生成的完整版报告、协助医生临床诊断决策的智能支持系统……你们是否也曾切身感受到我们所生活时代的种种便利？新技术的发展改变了我们的生活习惯，各种科技的融合要求企业驾驭新技术以满足数字化时代消费者的需求。当我们成为求职者之时，我们将面对的是怎样的一个就业市场呢？

影响未来就业趋势的因素有哪些？

你是否也发现了一个很有趣的现象：人类一直在尝试创造各式各样的机器，但与此同时也一直在担心，有一天机器会取代自己。

许多媒体都曾预测过人类的未来——他们勾勒出一幅人形机器人活跃在人类周围的画面。但这显然已经不属于"预测"了，越来越多的机器人在近几年已经参与人类的工作中了。

那就努力成为机器人无法取代的那一类人吧！但事实上，科技并非影响未来职业变化的唯一因素。

2019 年 4 月，加拿大布鲁克菲尔德创新与创业研究院发表了一篇关于未来就业市场的研究报告，概述了影响未来工

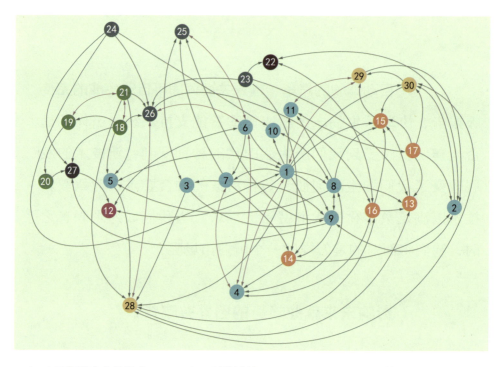

1. 人工智能全方位影响
2. VR+AR改变人的体验
3. 区块链改变重要交易
4. 疏远数字技术
5. 3D 打印
6. FAMGA 大公司垄断
7. 数字身份
8. 人类增强
9. 对先进技术恐惧
10. AI的权利

11. 创造性的AI
12. 技术移民解决人才短缺
13. 退休
14. 群体性孤独
15. 终身学习
16. 工作生活一体化
17. 主流的全方位设计
18. 自然资源稀缺
19. 气候变化引发灾害
20. 气候难民

21. 可持续能源
22. 郊区人口增长更快
23. 贫富两极分化加剧
24. 性别平等
25. 新的个人数据所有权
26. 新经济体系取代资本主义
27. 国际紧张局势
28. 更多人创业
29. 在所有领域的创造力
30. 教育改革

作的七大因素，除了技术变革，经济全球化、人口结构变化、环保和可持续发展、城市化、社会不平等现象的加剧以及政治局势的不确定性都会对就业市场产生影响。尽管这项研究主要是针对加拿大劳工市场的，但也具有一定的普遍性。

经济全球化的持续推进，意味着无论是哪种性质的组织都会面临不断增长的国际业务以及在全球范围部署人员的问题。因此，除了相应的职业技能，更强的语言能力和跨文化知识将不再是从业人员的专长，而逐渐成为必需。

随着人均寿命的延长，越来越多的国家都面临着老年人口比例增加的现实。社会人口结构的变化也是影响未来工作和职业的一个重要因素。不少平台的自媒体早已开始预言，

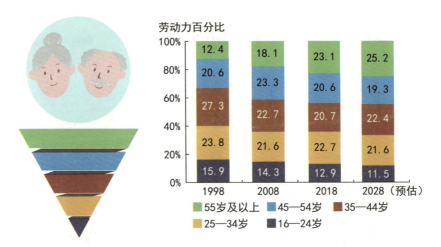

右图是不同年代的各年龄组群体的劳动力分布百分比，随着老年人口比例的增加，55岁及以上的老年人的劳动力参与率逐渐提升

针对老龄人口的各种特需服务将成为下一个经济风口。

同样，人们环保意识的增强也会使得未来社会出现众多与环保相关及支持可持续发展相关的新职业。

未来的职业必须由人类来完成吗？

小读者们，我想问大家一个问题：你梦想的职业是什么呢？这一职业是未来社会所必需的吗？这一职业必须由人类来承担吗？

对于年轻人而言，在关系到专业和未来职业的选择时，市场的需求趋势是一个重要的考量因素。有些职业和产业正

在或将要面临消失的风险。

简单举几个例子吧：无人驾驶汽车的出现，可能会使专职司机的数量下降；越来越多的超市开始使用自助结账系统代替收银员的岗位；更高的机械化程度可以让农民以更少的人力产出更多的粮食，同时，人造食品可能会替代一部分粮食或肉类生产，农牧业就业人员的需求数量会持续下降；电子读物的普及可能加剧纸质书阅读者的减少，从而影响到传统的印刷出版行业的一些工作岗位……在 2018 年，社会上大约有 71% 的工作是由人类完成的。2022 年，由机器执行的工作已增加至 42%，这在某种程度上意味着约 7500 万个工作岗位可能被取代。

不过，新技术的开发是否需要人类完成？大批的智能机器是否需要维护和管理？机器是不是可以让人类摆脱重复性、程式化的工作，更好地发挥独特的天赋和潜质？在这个过程中，很多工作岗位的定义会被重新改写，旧工作的消失和新工作的诞生将是并行的。人工智能技术和机器学习专家、流程自动化专家、机器人工程师等，也都是围绕运用技术并通过运用技术而得到发展的工作。再比如上文所提到的养老、环保行业的兴起，也会带来大批新工作岗位。

此外，随着数据价值的愈发凸显，对数据科学家的需求量也会越来越大，从制造业到零售业，所有的领域都会需要数据科学专家。

新能源领域也会带来新职业。另外，一类特别强调发展"人类"技能的岗位也会有较大的需求量，如专业培训和个人发展指导、组织发展专家、创新经理等。

未来的技能需求有哪些？

问题解决能力、协作和自我管理能力、沟通能力……这些能力在过去的职业招聘中被许多求职者视为核心竞争力。但这些能力的重要性在未来可能会降低，因为未来我们可能会和机器更密切地合作，共同完成任务。

2018年所需的技能	2022年需求上升的技能	2022年需求下降的技能
分析式思考与创新	分析式思考与创新	动手能力
解决复杂问题的能力	主动学习与学习策略	耐力和精确记忆、
批判性思维与分析	创意、原创与首创精神	运用语言的能力
主动学习与学习策略	科技、设计与编程	听力与空间能力
创意、原创与首创精神	批判性思维与分析	财务管理与物料资源
注重细节，诚信	解决复杂问题的能力	技术安全与维护
情商	领导力与社交影响力	阅读、写作、数学与主动聆听
推理、问题解决与构思能力	情商	人员管理
领导力与社交影响力	推理、问题解决与构思能力	质量控制和安全意识
时间管理	系统分析与评估	协调与时间管理
		视觉、听觉与语言能力
		科技使用、监测与控制

2018—2022年职业技能需求的变化

一些专家曾对未来技能的需求做出过分析，除了前章涉及的技术性技能，从业人员还要提升创新能力、主动学习能力、批判性思维能力、谈判能力、领导力、社交影响力等软技能。

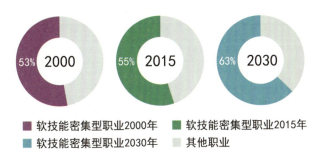

■ 软技能密集型职业2000年　　■ 软技能密集型职业2015年
■ 软技能密集型职业2030年　　■ 其他职业

与此同时，在这样一个"职业"的概念正在发生变化的时代，"职业生涯"意味着什么？过去，很多人找到一份工作后会在这家单位工作一辈子。然而，工作内容、场所和工作方式的不断变化正在改变这种情况，更换工作岗位或行业将在以后变得更常见。企业将会越来越看中不间断的学习体验，对于从业人员而言，这意味着能够更快、更轻松地按照自己的条件不断地培养和发展新的技能。因为个人技能得到了强化和提高，所以个人也就能得到更多的发展机会。

亲爱的小读者，你和伙伴们从小就成长于科技飞速发展的环境里，你们的思想方法、观念、价值观和工作方式都会变得不同。未来那些科技含量很高的职业对你们来说会自然且顺手，很可能未来新的工作方式和新兴职业正是你们这一代所偏爱的，希望你们能把握这些全新的、令人兴奋的机遇，创造属于你们自己的美好职业生涯。

新兴经济形势下的自由职业

曾经的我和大多数人一样，工作日朝九晚五，每年有固定时间的年假。但如今，我可以在任何地方上班，家里、咖啡馆、酒店、机场、飞机或火车上，只要有互联网、电脑或手机就行。我也可以在任何时间上班，周中、周末、白天、深夜。我可以不知疲倦地昼夜工作，也可以给自己一连放三个月的悠长假期。

怎么样，这样的工作与生活是你所向往的吗？如果你也对这类工作感兴趣的话，就让我们一起来聊一聊什么是自由职业吧。

"零工"和"零件"

我是一名自由职业者，我是自己的老板，我可以安排工作的一切，但我的工资直接来自客户。这也是我和公司员工之间最大的区别，虽然我们都是用自己的技能去创造价值，交换金钱，但我做的是"零工"，而公司员工做的是公司这台机器中的"零件"。

"零工"规模小，我可以独立完成并直接售卖给客户，一般不需要大规模的合作；但公司员工只负责公司的某一个职能，也就相当于一台机器中的某一"零件"，他们必须通过和公司内其他人一起协作来完成从产品开发到销售的全过程。

但不得不承认我的收入通常情况下不太稳定，常常随着市场需求的浮动而变化。这可能是当初我迟迟不愿意离开公司的原因。因为只要公司这台机器持续运转，员工每个月就会得到稳定的工资，也可以在一家公司工作很多年。所以现在，我也正在学习通过储蓄、投资、保险来管理好财务风险，并为意外之需做好准备。

当然，也有不少人选择将自由职业当作一种兼职工作。据我了解，很多人白天是一家公司的员工，晚上则在家做"零工"。

对于我这种自由职业者而言，当下正是一个机遇和挑战并存的时代。现在越来越多的人加入自由职业者的行列，成为独立的服务提供者，并以此为生。与此同时，也有越来越多的消费者和企业选择购买自由职业者的服务。"零工经济"在许多国家正以不可小觑的势头发展。

探源"零工经济"

为什么"零工经济"能成为一种新兴的并不断受到关注的经济现象呢？

技术的快速发展塑造了新的学习知识的模式。人们可以接触更广泛的事物，挖掘自己的兴趣和特长，从事自己喜欢的工作。在这种环境里成长起来的新一代接受了更多元的文化，他们不满足于在公司做一个"零件"。以我为例，虽然我花了很长的时间进行权衡，但最终发现，相比稳定，我更看

重从工作中获得满足感和成就感，而这样的工作往往是自由、灵活、更具创造力的。

随着工作节奏的加快和对生活品质的追求，越来越多的个人倾向于雇用其他自由职业者，完成自己不擅长或不想花时间从事的工作。对于企业而言，在零工市场中寻找那些具有特殊技能的人员或团队来完成一次性或发生频率较低的项目，也是成本最优的选择。

互联网也推动了"零工经济"的发展。比如，很多原来在传统媒体工作的人转向自媒体，人们有更多的渠道展示自己、发布信息，通过图文、音频来分享观点，还可以方便地制作视频，剪辑并发布。互联网平台也让服务的供需双方可以更方便地匹配、联系和交易。

"零工经济"的蓬勃发展，会不会让自由职业成为未来的主流呢？

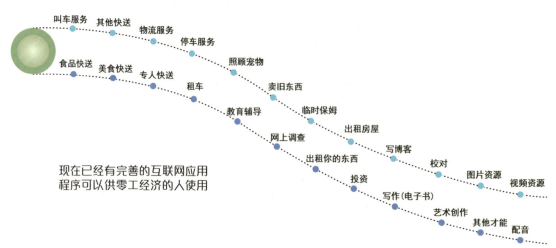

现在已经有完善的互联网应用程序可以供零工经济的人使用

自由职业者的三顶帽子

回想我走上自由职业者的这一路，我在好几顶帽子之间任意切换，仿佛是一名出色的魔术师。

第一顶帽子，我想称它为"产品专家"。

戴上这顶帽子的那一刻，我开始盘点自己的学习生涯让我具备了哪些专业知识，积累了哪些工作经验，培养出哪些擅长的技能，把这些组合起来可以拼成一个什么样的产品。

以我为例，我具备心理学的知识，有十余年职场摸爬滚打的经验，并且有很强的共情和沟通能力，于是口才训练服务就成为我的产品。有的人很擅长平面设计，可以制作海报、网页、标签等，这种设计服务成为他（她）的产品。还有的人擅长写作，他可以把为商品撰写广告文案的服务作为产品。不要以为只有大人物才有本事开发出产品，说不定你也可以。

第二顶帽子就是"营销经理"。

对于我们这种自由职业者而言，最重要的一点是要懂得如何让客户看见你，然后说服他们购买你的产品。

不得不承认，这对于我们而言是一件难事，我也是在摸索了很久之后，才找到了写作、直播这样的内容输出方式来让更多人认识我的。但请相信我，互联网的快速发展会为我

们提供更多、更便捷的途径推广自己。

第三顶帽子需要掌握后续的工作，我们不妨称之为"运营经理"。

简单来说，戴上这顶帽子就意味着我要开始负责一些能够确保生意正常运转的活动。这包括安排时间表、签订合作协议、记录客户信息、记录资金收付，等等。这些工作琐碎繁杂的程度对我来讲已经远远超纲了，所以几经尝试之后，我决定把与会计相关的事务外包给专门提供财务服务的自由职业者，即便我俩远隔重洋。

现在你知道了什么是零工经济下的自由职业者以及一名自由职业者需要扮演的角色和能力，我猜你心里可能还在嘀咕，如果既能挣钱，又这么自由，那为什么大部分人还是要去公司上班呢？

原因有很多也很复杂，有的来自个人，有的来自家庭，有的则来自社会。但我想我有必要告知大家一个影响这股自由职业浪潮的重要因素——缺少保障。这种缺少保障体现在自由职业者没有来自公司支付的社会保险福利，而自己购买商业保险的费用又很高。也许，未来社会经济制度的创新可以让自由职业者也能通过某些方式获得社会保障。对于这一点，我也会报以最大的期待。

现在我很好奇，你是怎么看待自由职业者的呢？

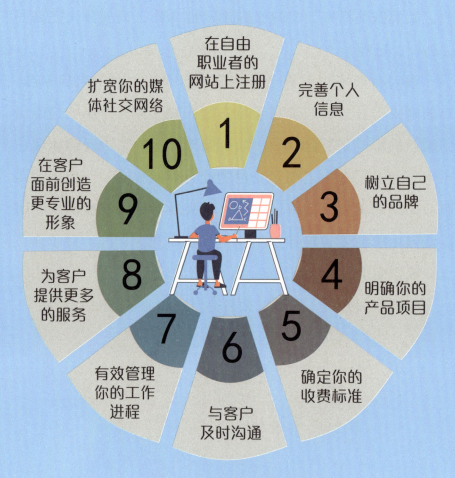

成为一名自由职业者的十个步骤

妙用小工具，生产力、竞争力 UP！UP！

什么是"生产力工具"？

谈到"生产力工具"，正在阅读本书的小读者可能会疑惑，这个看起来离自己目前生活还是有些距离的专业名词为何要在此刻学习。但是说起下列场景，大家一定不会太陌生：

比如你在语文课上写出了一篇优秀作文，语文老师请你回家用电脑打字，将"Word 文档"发送给他，便于打印和与同学们一起分享；

再比如你刚刚完成了一个学科项目化任务，学科老师请你制作一个"PPT 演示文稿"，向大家介绍你是如何一步一步想出解决方案并且最终实现的；

又比如你们班级出去参加公益义卖活动，同学们希望，你能将每项物品的售价以及最终的收支明细用一个"Excel 表格"来呈现，便于大家进行核对……

　　这些咱们在日常课堂中也有所接触的应用软件，正符合本文提到的"生产力工具"。说明一下，这里我们讨论的"生产力"专指大脑生产力，而不是我们在历史教科书上学习的泛指解放体力的"先进生产力"。

　　在数字化使用场景中（运用手机、平板、电脑等电子设备开展工作），生产力工具指的是可以将个人大脑中的想法、

创意高效展现，并生成信息（如文档、演示文稿、工作表、数据库、图表、图形、数字绘画、电子音乐和数字视频等）的一系列应用软件。同时，生产力工具也可能是最具商业价值的一类软件，所以大部分的工作电脑会安装此类软件。

大家在使用手机或者电脑时，也会接触许多软件，但大家往往主要消费的是软件所提供的内容，比如看看热搜新闻、刷刷小视频等。在这个过程中，用户并没有创造内容；而对于其他一些被个人用来拍照、记录生活、进行社交的软件，虽然我们利用这些软件创造了内容，但这些内容只是为了我们自己（或朋友、亲人）使用，并不具有广泛的流通价值。

所以，用来完成工作或提高工作效率的生产力工具有一个最直接的目的，那就是创造有流通价值的内容。这个创造过程是我们主动选择（或被指派完成）、注重效率的，且创造的内容具有流通价值。

借助生产力工具，我们只需进行不多的操作，花费更少的时间和步骤，就可以将我们的想法和创意高效、直观地表达出来。一款设计精良的工作软件，能给我们带来无数的好处。也正是这些我们每天都在使用的五花八门的工具和设备，让我们的生活变得更加轻松和舒适。

生产力工具的四个特征

生产力工具并不代表生产力本身，因为再先进的工具也同样需要人来创造、使用、生产……在此过程中，使用者和工具之间便会相互影响、相互促进。

当你使用工具进行创造，工具也会反过来塑造你的工作习惯和工具观。

一般来说，生产力工具大多符合以下四个基本特征：

生产价值是生产力工具的第一个特征。

当你使用某个工具的时候，该工具能够给你带来产出，或者产生的价值高于你最初的投资，它就可以算是生产力工具。而如果一些工具只会消耗你的精力、金钱和时间，那就不能算生产力工具。举例来说，如果你花 100 元购买了便携燃气灶、铁盘、香肠等一些工具进行手续齐全的夜市烤肠售

计划

支持系统

加密协议

服务器错误

网络保护

网 络

云存储

更新

网络工具

运营商

网站

固态硬盘

供应商

卖工作，一晚上售卖烤肠得 101 元，产生的价值高于当时的购入价，那些工具就可以算你的生产力工具。又比如说你忍不住嘴馋把烤肠都吃完了，全部亏空自然就不算生产。

折叠时间是生产力工具的第二个特征。

"折叠时间"这个概念出自《进击的智人》这本书，这个比喻指的是在有限的时间内做更多的事情，产生更大的价值。要知道，人类从 200 万年前就懂得使用工具来折叠时间，不论是远古时代的用于狩猎、采集的石器，还是现在的锤子、电钻乃至计算机，都是折叠时间的工具。

沉浸美学是生产力工具的第三个特征。

优秀的工具一定是美学与功能的完美结合体，会最终让你认识到美的存在和价值，并创造出一些美好的东西。优秀的工具还会让你觉得，它就是你身体的一部分，好像自己的手脚得到了扩展，大脑得到了升级。当你使用这些工具工作时，你会有行云流水的感觉，并且丝毫不会感觉到这个工具的存在，这就是生产力工具的"沉浸美学"。当然，对于"优秀工具"的定义不仅仅取决于工具本身，同样也考量使用者的能力。一把菜刀在我们手上发挥不出什么作用，但在庖丁手中便可演奏出分解牛肉的交响乐。

承载情感是生产力工具的第四个特征。

当你选择使用某一种生产力工具进行生产的同时，也就

选择了一种符合你审美的设计思想。只有当这种生产力工具和我们本身的气质相契合时，它才会从众多的生产力工具中脱颖而出，受到我们的青睐。就像小读者们在日常的学习生活中，一旦选定并且习惯于使用某个品牌的文具产品后，自然而然就会对该文具产生一种情感归属。

现在的生产力工具

从 20 世纪 80 年代个人台式计算机普及以来，电脑中安装的办公软件便是最经典的生产力工具，它包括文字处理、电子表格和关系数据库程序。要知道在那之前，办公室工作人员可以使用的工具就只有打字机、纸质档案、手写清单和分类账单。电脑办公软件的出现，使办公室人员的工作效率有了大幅度的提升。

如今的 21 世纪，在美国大约 78% 的"中等技能"职业（指那些需要高中文凭但不需要大学文凭的职业）从业者都需要用到生产力工具。随着笔记本电脑、平板电脑和智能手机的进一步普及，生产力工具也越来越受到脑力劳动者的青睐。世界信息产业巨头谷歌、微软和苹果，旗下都有各自完整的办公软件平台。

谷歌有基于云端的 Google Docs 文档、Sheets 工作表和 Slides 幻灯片；微软有大众日常使用最为广泛的 Microsoft Office 办公软件；苹果也有基于自己系统的 Pages 文稿、Numbers 表格和 Keynote 讲演。

当然，除了互联网巨头旗下的这几款软件，还有数百个很实用的、能够适用于某些特定应用场景的生产力工具，下面我们为大家列举几款较受好评的生产力工具，包含在线存储、协作工作、多场景切换以及时间管理等功能，小读者们可以先行了解，说不定也能将其运用在自己的学习生活中，大大提高你自己的"生产力"。

网盘存储服务

比如百度网盘、谷歌云端硬盘（Google Drive，谷歌提供的网盘服务）这一类的在线云存储服务。你可以使用它创建、编辑文件，并与团队成员共享各种类型的文件，包括视频、照片、文档等。这个工具非常适合协作项目，能使团队协作和项目的沟通咨询变得更加容易和快捷。

当然，出于不同的需求以及面向不同的对象进行分享时，你可以设置权限，选择分享对象是否可以对你的文件进行查看、编辑或发表评论。当有人对你的文件进行评论或者希望与你分享时，你也会即时收到通知。同时，这类网盘存储服务还支持搜索、扫描图像识别（OCR）等功能，既便于查找，也能帮助你从扫描的图中搜索到文字信息。

多功能笔记类应用

Evernote 是一款电子笔记资料管

理类软件。用户能够使用 Evernote 轻松地记录、编辑日常工作和学习中的重要资料；会议记录、代办事情、工作资料也都可以永久保存在这款软件上。软件中内置网页剪辑插件，能将重要的网页内容和图片保存到用户的账户里，文字、图片和链接都可以保存，还可以添加高亮、箭头等标注。

Evernote 还支持大数据库、图像内文字的识别和手写图形的识别，同时具备内容捕捉、实时搜索、标签分类等功能。软件中的共享笔记本功能还允许多个用户共同编辑一个笔记本，从而实现团队协作办公。

团队协作软件

常见的团队协作软件比如 Slack、钉钉等，都是集聊天群组、大规模工具集成、文件整合、统一搜索为一体的团队协作办公软件。

Slack 是一款基于沟通的企业协

作工具。Slack 可使整个团队的信息变得透明化，团队可以将要讨论的议题放在 Slack 上展开，一个议题就可以被当作一个项目。团队成员不仅可以看到其他团队成员在做什么，还可以访问项目，查看团队甚至整个部门所有的通信记录。它集多种通信功能于一身，团队成员不仅可以用 Slack 来聊天、沟通，还可以进行文件共享、发送电子邮件。同时，Slack 又具有很强的免打扰功能，你可以将软件设置为"只有别人提到我或者我关注的关键词时，才弹出提示"。

值得一提的是，Slack 的界面生动活泼，让基于工作的交流变得更有趣和吸引人，软件开发者提出的口号很有趣，叫"少忙点"（Be Less Busy），也真诚希望使用软件进行沟通的人们真的"少忙点"。

再如 Notion，这是一个强大的工作协作软件，分为个人工作区和团队工作区。个人工作区可以帮助你快速地摘要网络信息、记录并同步笔记、规划日程安排、列出待办清单等。它有轻松易用的标签搜索功能，帮你轻松找到任何文档或笔记。而团队工作区则允许工作团队进行线上实时协作，团队成员可以共同对文档进行编辑、更新，同步工作项目进度，所有变化团队成员都立即可见。此外，Notion 还内置了人工智能（AI）写作助手。Notion AI 能够帮你快速总结出笔记中重要和可行的部分，自动化烦琐的任务；它还能够对写好的稿件进行润色和调整，帮助你提高写作水平。

任务和项目可以多人协作，也可以开放给公众，作为一个公开的追踪反馈渠道。无论是工作安排、项目管理还是家庭度假，这种团队协作软件都可以让你的团队相关人员从始至终实现协作。

时间跟踪软件

比如 Toggl，这是一款追踪和记录时间开销方式的应用工具。无论是工作还是休闲，这类时间跟踪软件都能够非常便捷地帮你记录和追踪花在各种活动上的时间。在使用的过程中，你可以为每个时间记录设置标签和项目，也就是说，你可以对不同事务分类，比如娱乐、工作、学习、运动等。你还可以利用 Toggl 提供的时间线功能，追踪你一整天都访问了哪些程序，看看自己在学习之外使用电子设备进行了哪些操作。Toggl 还提供时间数据可视化和导出功能，你可以在自己的假期学习或者集中复习阶段，查看自己在每个项目上分配的时间，或导出不同时间段的活动数据。

未来的生产力工具

任务、协作和结果，三者因其重要性，被称为工作的 DNA，每一项工作都可以看成由这三个要素组成——我们的工作往往是从一项"任务"开始，完成这项任务需要进行"协作"，当任务完成时，我们还会得到一个"结果"。在许多关于未来的设想中，我们要完成的任务正变得越来越复杂，团队成员之间的交流和沟通也变得更多，所以在未来，生产力工具对我们来说仍旧必不可少。

未来的生产力工具势必集成更多的功能，能够涵盖团队沟通、产品开发、产品测试以及各项任务的协作安排，让团

队成员之间达到"无缝连接"。

当这种"无缝连接"的工作状态成为常态时，工作与生活的关系也会发生改变。当员工可以随时随地、方便地通过生产力工具开展工作时，工作就是生活，生活就是工作，具体如何安排，完全取决于自己的目的。

如何让普通人随时随地用专业工具解决问题，是很多生产力工具在设计上考虑的问题。比如谷歌公司旗下的 Google Sheets，是一款可以在浏览器上直接使用的应用，从它的成功我们可以看到未来生产力工具的发展趋势。

现在，很多软件都是为专业人士准备的，对于其他工作人员来说，很多高级功能他们根本用不上。就像之前提到的"公益义卖"进行价目表整合一样，我们中的绝大多数人在工作中并不需要用到 Excel 表格的许多高级功能。在此情况下，Google Sheets 工作表这样的轻量级电子表格应用程序就受到了用户的喜爱。为了方便用户交流，Google Sheets 工作表还创造性地集成了沟通和协作的功能。

这类浏览器应用程序不仅可以提高工作效率，还可以节约成本，解决安全性方面的问题。它的设计思路源于"80/20法则"（即俗称的二八定律），即"一个应用程序只要具备专业软件20％的功能，就可以完成普通工作人员日常80％需要做的事情"。

随着生产力工具越来越人性化，应用的场景越来越方便，我们对它关注的焦点也从产品的细节转移到产品的实用性上，我

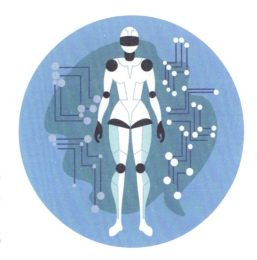

们会对生产力工具提出更高的要求——具备交互和感知功能。也就是说，希望生产力工具能够通过人机交互捕捉用户的意图：用户描述他的需求，生产力工具自动生成产品，用户再进行反馈。

当然，要实现这种功能，我们还需要更先进的交互和传感技术、更先进的语音识别技术以及更智能的机器学习技术。最终，生产力工具将会从简单地完成用户所请求的任务演变为预测用户需求和采取行动。

在用户使用生产力工具完成自己工作的同时，生产力工具也会向用户学习，并不断自我改进。通过机器学习，生产力工具可以收集用户的各种习惯和常用设置，还有用户的任务完成水平。目前，炙手可热的人工智能大语言模型ChatGPT就可以通过深度学习，利用大数据和人工神经网络进行自我改进。具备人工智能的生产力工具不仅会在短期影响用户的工作绩效，还能从长期影响一个人的成长。

需要提醒的是，虽然基于人工智能技术的生产力工具正在大量涌现，但这并不意味着软件可以替我们做决策。软件只是为我们搜索、整合有价值的信息，而做出最终决策的永远是使用者本身。

除了便捷办公、自主感知，未来的生产力工具肯定也少不了增强现实（AR）或虚拟现实（VR）功能。以微软推出的全自动交互系统 HoloLens 为例，这款独立设备本身已经具备计算功能，微软称它为"第一台完全独立的全息计算机"。为了让 HoloLens 更符合生产力工具的定义，微软还在里面新增了邮件 Outlook Mail 和日历服务 Calendar。

　　微软对 HoloLens 的定位是一款面向未来的专业工具。HoloLens 可以应用在许多场景中，比如，微软和欧特克公司（在三维设计、工程设计及娱乐软件方面处于领先地位）已经开展合作，致力于把 Hololens 用于工业设计、机械设计和其他产品开发领域。

　　欧特克公司开发的 Fusion360 三维设计软件，就整合了 Hololens 的功能，机车设计师就可以用全息投影的方式，直观地将机车模型在现实世界中展示出来。新软件将帮助设计师构建出更完美的立体模型，还可以提高团队的沟通效率，毕竟全息影像比显示器上的二维或三维模型直观多了。此外，即时通讯软件 Skype 公司也在尝试将 HoloLens 功能应用在网络可视电话中。

　　2016 年，英特尔、戴尔、PSB 咨询公司曾对来自 10 个国家的大、中、小型企业的共计 4000 名员工进行过一项调

查，结果超过一半（57%）的员工对未来的预测都是，下一个五年他们将在拥有先进的生产力工具的智能化环境中办公。2023年，全球大部分科技公司通过智能化运用各种工具早就实现了线上线下协同办公。

利用生产力工具提高生产效率，不仅是所有使用者个人的目标，也是每一个项目中的项目经理和企业管理者的目标。这是一件好事，我们都想做出贡献并成为促进项目成功的因素。如果未来生产力工具能够帮助我们最大限度地提高个人和团队的效能，那就太棒了。

通才、专才、博学家
——未来职业人才需求大起底！

什么是"通才""专才""博学家"？

不知道此刻正在阅读本书的你处在哪一个年纪？

那些在你周围平时成绩特别优异、表现非常突出的同学会有怎样的称号？是"学霸"，还是"学神"等一系列和"学"字有渊源的组词方式？或者简单来说，都叫"别人家的孩子"？

这一类特别优秀的少年朋友肯定日常付出了特别多的努力，才能够掌握如此多的知识和本领。回溯历史，在漫漫时间长河中，也存在着不少这样的人物。

比如在古希腊时期有一位哲学家名叫亚里士多德，他是西方世界最有影响力的"哲学大师"之一，他不但擅长各个学科的学习，而且在许多领域做出了惊人的贡献：逻辑学、哲学、伦理学、物理学、诗歌、政治学、形而上学理论、地质学和动物学等。

另一位大家熟悉的"全能型天才"是意大利大画家列奥纳多·达·芬奇，他又被称为"文艺复兴全盛期之父"。他不仅靠精湛的艺术技巧画出了著名的《蒙娜丽莎》《最后的晚餐》等传世之作，还拥有多种卓越的能力，也在众多领域做出了巨大贡献：城市规划、数学、植物学、天文学、技术发明、历史学、工程学、文学、雕刻和制图等，我们今天熟悉的不少东西是他发明的，甚至他还在莱特兄弟之前，造出了最早的飞行器！

亚里士多德

列奥纳多·达·芬奇

说到中国古代，就不得不提中国东汉时期的才子张衡。他不仅是政治家、历史学家、哲学家，还是诗人、数学家、天文学家、地理学家、制图师、画家、雕塑家和发明家。他改进了浑天仪，用于辅助天文观测，并发明

张衡

了探测地震的地动仪。宋代的苏颂则是我国古代另一个跨领域才子。他是一位在数学、天文学、动物学、生物学、植物学、艺术和制图学等方面都有杰出成就的大师。

以上提到的几位古代杰出人物都有什么特点？是不是都广泛涉猎多个领域并且在其中取得了优异的成绩？这就是我们所说的"博学家"。

"博学家"（Polymath）一词，源于古希腊"Polus"和

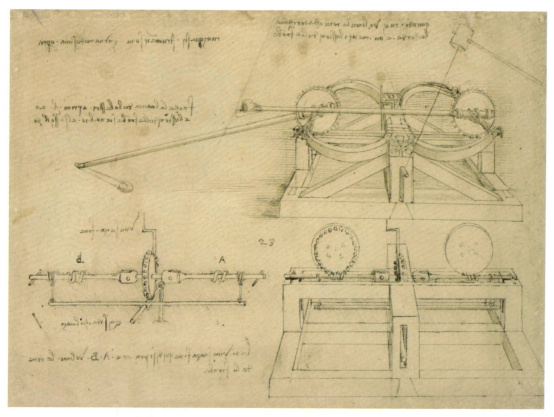

达·芬奇的《大西洋古抄本》手稿

"Mathe"。前者的意思是"很多"，后者的意思是"学习"。博学家在字典里的定义是"学识渊博或多才多艺的人；熟悉许多研究领域的人；有成就的学者"。

虽然理想很美好，但是现实中的我们绝大多数不是博学家。现在的我们学习各种知识，未来的我们则会从事不同类型的职业，然后被社会称为通才或是专才。

简单地说，专才指的是对某个特定领域有很深造诣的人，比如神经外科医生、注册会计师、人工智能科学家，等等。通才则是对多个领域有所了解，但深度达不到专才的程度。而前面所提到的博学家则在不同领域都取得了高水平的成就。我们生活的世界正在经历不断的变化，我们是否正目睹新一代劳动大军的兴起？那么对于人才的理解和划分是否还有新的模式？正在阅读的少年朋友们，你们是未来的新型员工，还是未来的领导者？让我们在阅读中一起思考未来。

专才 vs 通才，哪种人才更优？

专才的专业知识很精湛，精通某一学科或一项技艺，一般企业雇用专才的目的往往是获得他们在特定领域的知识、技能和经验。我们所熟知的在某些公共事件中发声的"专家"，通常被形容为"I 型人才"。像游戏

特定领域的专家

《俄罗斯方块》中的长条方块，找准地方就可以消除一大片一样，I 型人才的长条方块形似字母"I"，正代表了他们深厚而精湛的专业知识以及丰富的经验，但这类人才对其他领域的了解并不多。

通才是兼具多种知识和能力的人才，即我们通常说的多面手或万事通。通才学识广泛，通常样样都懂，但无一精通，就像摊开一张大饼，但是每个部分相对而言都略显单薄了。

通 才 学 识 广 泛

在讨论中我们不难发现，通才和专才都有各自的优势和弱点，无论何种人才，都只有在客观环境下，才能显示谁会坚持到最后。2018 年的时候，伦敦商学院的几位研究人员做了一项关于通才与专才的调查。他们通过苏联解体来研究社会变化的速度如何影响理论数学家的工作，研究结果表明，当社会转变缓慢的时候，通才型的科学家表现更佳（从研究成果和论文发表数量看）；但是当社会转变迅猛的时候，专才型的科学家则显示出明显的优势。

数据研究只能给我们以启示，而应对不断变化的未来，大多数未来主义者认为，对新型人才的新需求仍将不可避免。

从 I 到 E，新型人才的出现

T 型人才

1991 年，大卫·盖斯特为英国的《独立报》撰写了一篇名为《寻找计算机时代多才多艺的人才》的文章，文中首次提出"T 型人才"的概念，它用来形容那些既是通才又是专家的人才。字母 T 的一竖代

表人才在某一领域的专业知识，就像 I 型人才一样，而字母 T 的上边一横代表其在不同学科的经验和广泛的知识面，也就是前面所说的两种人才的集合。

计算机科学家、担任过 IBM 公司认知开放技术研发负责人的吉姆·斯伯尔一直在公开场合特别鼓励 T 型专业人员加入他的团队。不少科技巨头也认为，T 型人才是更好的协作创新者，企业需要培养这样的人才，以确保其在业内的领先地位，同时有利于企业保持不与社会需求脱节的状态。

深层通才：T 型人才

Ⅱ 型（Pi-shaped）人才

Ⅱ 型人才也是一种新类型的员工。他们具有广泛的基础知识，同时在两个不同的专业领域里具有很深的造诣，相当于输入两个 T，合并成为类似 Ⅱ 符号的形状。

著名的市场咨询公司首席执行官阿什利·弗里德因谈到未来需要的新型人才时曾说："我们过去常说的 T 型营销员指的是具有广泛的市场营销知识和技能，并且在某个领域有专业理解的人。不过，现在我想谈的是 Ⅱ 型人才。这样的营销人员拥有广泛的全领域知识，而且在'左脑'和'右脑'参与的学科中都具有相当强的能力；他们既是分析型，又是数据驱动型人才，而且还了解品牌、懂得故事营销和体验营销。"

学 识 广 泛	
特	特
定	定
领	领
域	域
一	二

Ⅱ 型人才：
在两个领域都是专家

Ⅱ 型人才的职业特征是一个人在两个相关领域都非常专业，同时学识广泛，可以理解为媒体报道中的"斜杠青年"，如产品设计师兼程序员、音乐家兼制作人、网络作家和网络分析师等。

梳型人才

累计两个 T 可得一个 Π，超过两个 Π 我们则可以得到类似梳子的形状。梳型人才学识广泛，而且在两个以上的领域具有较深的专业知识和技能，通常用类似梳子的图形来表示。不过，这类人才的专业知识不如 I 型人才那么深入。随着社会的加速发展和全新的交叉性领域的出现，深入了解多个领域的人才通常比在单独领域的专才更有价值。咱们在开头提到的博学家的知识结构应该就像把梳子，不过他们的梳齿长度比一般梳型人才的更长。

学 识 广 泛 的 全 才			
专	专	专	专
长	长	长	长
领	领	领	领
域	域	域	域
一	二	三	四

梳型人才：多领域专家

E 型人才

最后我们要提到的是 E 型人才。

这个说法首次出现在 2010 年一篇探讨劳动力的文章中。字母 E 是英文单词"Experience"（经验）的第一个字母，它有三个横向的长条，分别代表三类经验。第一个横条和竖条连在一起与 T 型相似，但又有所不同。具体来说，E 字母的竖条代表经

验，三个横条分别代表：专业技能（Expertise）、执行能力（Execution）和探索能力（Exploration）。

经验和专业技能一起表示具有良好业绩的专业人士，他们在工作和知识方面具有深度和广度。执行能力反映的是 E 型人才能够构思新的想法并制订执行计划，也就是他们有能力把想法付诸实施。探索能力指的是具有好奇心和创新的能力。那些愿意创新、愿意寻求技术升级或开发新行业的员工和团队在未来将备受欢迎。

E 型人才

学习应对变化

讨论了那么多，那么哪种类型的人才在未来更容易成功？答案其实还是未知。如果我们看一下目前仍有广泛发展空间的领域，就会注意到一个共同点：行业正在急剧变化中。

- 物联网

- 医疗保健

- 安全与隐私

- 无人驾驶飞机和自动驾驶汽车

- 人工智能和软件机器人

- 自动化

- 用于通信、协作和报告的移动应用程序

- 制造和服务行业的机器人

- 社交媒体传播

- 在线学习

……

以上这些领域的发展速度快得令你无法想象。行业转型一年比一年更快，每年都会出现新的专业领域。新的专业领

域意味着新的知识和技能，以及对新型员工的需求。上述领域带来了移动应用程序开发人员、无人机操作员、新内容设计者、自动驾驶汽车工程师、社交媒体经理、数据科学家、播客主播、云架构设计师……而这些职业，有的出现还不到五年的时间。

如果说行业正在不断创新和变革，那么处在行业中的公司、员工同样正面临着许多变化。为了让员工熟练掌握新技术，亚马逊公司宣布将投资 7 亿美元为 10 万名员工做培训，10 万这个数字代表了亚马逊公司在美国员工人数的 1/3。企业为通才型人员提供专业性培训，同时也为专才型人员提供

更多软技能的培训。正如亚马逊公司报告里所说的那样：

"看看员工队伍如何随着时间的推移而变化，我们可以了解技术对劳动力市场的影响；注意到在需要更多技术和技能的同时，要始终保持不断学习的心态。"

让累计的"T"突破超越的"E"

在这样一个科技日新月异、新专业和新行业辈出的时代，T型人才、Π型人才、梳型人才、E型人才和博学家都有机会参与创造未来，成为新型员工或新型企业家。你会发现，他们都是通才和专才的结合。

作家迈克尔·西蒙斯曾分析，在教育中，传统的专业是如何组合起来创造出新的专业的。例如，社会学和心理学的组合产生社会心理学，社会学和生物学组合后产生社会生物学，等等。这样的组合将不可避免地在所有传统专业中进行，一些新专业也将应运而生，如神经寄生虫学、量子生物学、生物信息学、移动应用开发等。

各种类型的人才都可以从各行各业的发展和变化中汲取经验。环境的变化不仅是一种挑战，也是一种机遇，为人们

提供发展技能的机会，前提是你要具备一些具体技能之外的技能。

一种是在不同学科的概念或想法之间建立联系的能力。

另一种则是有效地更新本领域的知识，并能在变化的前沿抓住机遇的能力。

正如达·芬奇所说："研究艺术中的科学，研究科学中的艺术。发展你的感官——尤其是学习如何去看，还要懂得所有的事物都是与其他事物互相关联的。"

这可以作为你选择未来发展方向和处理任何事情的一个永不过时的良方：

面对未知，始终保持热情，始终敢于尝试。

CHAPTER THREE

超越篇

修炼元技能：应对未来

科幻电影中的未来职业

在之前的内容中，我们回顾了曾经的职业技能发展以及当下的职业进程，我们不断畅想未来职业的可能。对比我们之前的复杂讨论，科幻作品对于世界的设想则更加直观。同时，科幻作品在描述未来社会之时，也构建了不少全新的未来职业。数十年前的科幻作品所描述的未来，有些早已成为今日的现实。正在阅读本书的少年朋友们，可一定要仔细关注今日的科幻电影，也许未来的全新职业就藏在其中。

火星农业种植员

2015 年风靡全球的科幻喜剧作品《火星救援》，因为获得了美国国家航空航天局（NASA）的帮助，使得影片具有许多令人信服的科学依据，成为近些年来最受瞩目的科幻电影之一。

　　根据电影的设定，火星地表温度最高时能够达到 35 摄氏度，最低时则低至零下 143 摄氏度。火星地表如同一望无际的沙漠，以沙丘和砾石为主，大气压强约为地球的 1％，大气稀薄。其中，火星的大气成分为 95.3％的二氧化碳、2.7％的氮气和 1.6％的氩气。

　　如果是你，独自一人，在没有事先准备的情况下，会如何在这样的环境里生存？而这，就是《火星救援》在最开始抛给观众的问题。

　　影片当中的时间是距离现在不远的几十年后，人类首次实现火星登陆，并在火星表面搭建了一个科学考察站。在登陆后的第六天，美国宇航员马克·沃特尼（本片主人公）与其他五名宇航员遭遇巨型火星风暴，在逃离的过程中，主人公被天线击中，消失在队友的视线中。其他五名宇航员则不得不忍住悲痛继续逃离火星风暴，返回地球。

虽然天线刺穿了马克的身体，但幸运的是马克并没有丧生。风暴过后，他回到了科考站，对自己进行了急救并活了下来。可在那个时候，科考站中剩下的食物只够他维持一个月的生存。

科幻电影在设计主人公进入困境的同时，也给予了他一些特殊身份，譬如在《火星救援》中，马克是个植物学专家。在下次火星任务到来之前，马克决定依靠种土豆来解决食物问题。对照我们前面所介绍的火星地表环境来看，这样的土壤可以种植农作物吗？

回顾我们在生物（科学）课堂所学的知识可以得知，想要支持农作物生长，土壤中需要有氧、碳、氢、氮、钾、磷等关键元素。但仅仅只有这些元素还不够，还需要其他营养成分和细菌等。可是空空如也的火星上哪来的细菌呢？

这时候遗留在科考站的宇航员的粪便就派上用场了，虽然有点气味，但是很有用。

在肥料和土壤齐备以后，马克还需要充足的水来灌溉这些土豆，这时他想到了科考站存放的火箭燃料，通过自己的化学知识，马克依靠火箭燃料制成了水。最后，马克在科考站内用塑料成功建造起土豆大棚。依靠农业种植，他看到并且等到了救援到来的希望。

这部电影堪称未来的"火星生存指南"，甚至在中国的"祝融号"火星车登上火星之前，还有不少人询问中国国家天文台："火星上是否可以种植土豆？"

早在 1880 年，科幻小说家珀西·格雷格就撰写了一个太空旅行者如何在火星种植地球植物的故事。可以说，在地球以外的星球上实现农业种植一直是人类的梦想，现阶段的人类也正不断在各个航天器与空间站中进行太空农业的种植试验。

虽然现在的种植还只能在空间站中进行，但当人类实现移民月球或是火星的目标后，势必会出现"月球农业种植员"和"火星农业种植员"等未来职业，如果平时有喜欢打理花花草草的少年朋友，不妨关注一下。

人工智能测试师

说完太空农业种植，在 2015 年上映的另一部科幻作品《机械姬》中，则出现了一个和目前科技发展紧密相关的职业：人工智能测试师。

故事发生在一家主要经营搜索引擎服务的科技公司。程序架构师迦勒受老板内森的邀请，前往后者位处深山的别墅进行一场针对人型机器人艾娃的图灵测试，确认其是否具有独立思考的能力。此时，这位程序架构师迦勒的身份已经是一名人工智能测试师了。

这里提到的"图灵测试"是整部科幻作品的核心。这个概念来自"计算机科学之父""人工智能之父"艾伦·图灵。1950 年，图灵在《计算机器与智能》中建议：

大家考虑这个问题："机器能思考吗?"

图灵还提出了另一个问题：

是否存在一台想象中的机器能够在模仿游戏中表现良好?

就像电影中迦勒解释的，这个测试"是指当人类在不知情的情况下和计算机交流时，如果人类没有察觉出来和他交流的是计算机，计算机就通过测试了"。

影片中迦勒开始和机器人艾娃进行对话之时，都是作为主动试探、发出提问的那一方，尝试诱导对方像人类一样思考并同时审视对方的反应。

虽然图灵测试有重要的判断作用，但同时也存在重大缺陷：图灵测试仅能判断它的回答是否表现得像个人类。影片中的机器人艾娃通过搜索引擎学习全世界的知识，它的回答很有可能只是通过海量计算方式，从成千上万的对话里找出匹配可能性最大的句子，并不一定可以代表艾娃知道自己在干什么。就像我们在新闻中了解的阿尔法狗（AlphaGo）很会下围棋，但是你无法通过这个过程来断定其知道自己在下棋，以及什么是下棋。

那怎样的智能才算是抵达人类的思维程度？

为此，测试师和自己公司的老板、艾娃的制造者内森进行了一次争论，二人最后认为：人类之所以是人类，而不是机器，是因为人是凭借感觉做判断和选择的，而不是出于理性。

这部影片的导演亚历克斯·嘉兰在接受采访时曾表示：

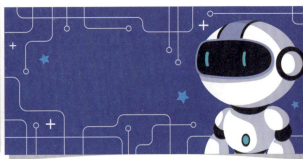

如果谷歌或者苹果的工程师明天就宣布他们制造出了像影片中艾娃那样的机器人，我们会很吃惊，但也不会太吃惊。

图灵最早提出人工智能时，相关的定义都还很模糊，而我们现在已经开发出具有弱人工智能的产品了，在弱人工智能向强人工智能进化的路途中，对计算机或机器人的鉴定和行为预测的需求很可能就会催生出影片中人工智能测试师这样的职业。

人体器官设计师和改造人制造师

时间往后移，离开 2015 年后我们进入《克隆人》与《阿丽塔：战斗天使》两部电影。这两部科幻电影包含了一个相同点：人造器官。

　　在电影《克隆人》中，神经科学家威尔决定复活在车祸中丧生的家人。威尔保留了家人的大脑并换上了人造器官，从而"复活"了他们。

　　而在影片《阿丽塔：战斗天使》中，营造的世界则更为宏大。在 26 世纪，上等人住在浮在半空中一个名叫"撒冷"的空间站，而平民百姓只能在废土一般的地表钢铁城中生活。

依德是钢铁城中著名的改造人制造师，他在一个垃圾场发现了一个机械残躯，并将其改造成有着机械身体的少女，取名"阿丽塔"。

以上影片中都涉及了"赛博格"（Cyborg）的概念，赛博格其实在过往许多科幻电影里都出现过，简单来说就是生物系统和机械系统的结合体，指人类和其他动物将机器纳为身体的一部分并且对其进行控制，有的甚至是完全机械的仿生人。因而未来自然会出现人体器官设计师，甚至改造人制造师这类职业。

在科幻电影《星球大战前传》中，阿纳金·天行者就曾因战斗失去了右手，不得不换上了一只机械手，电影中也表现了人体器官设计师为他修复这只机械手的场景。

虽然科幻电影并没有为器官设计这类职业进行统一命名，不过我们可以将其理解为医生职业未来的一个发展方

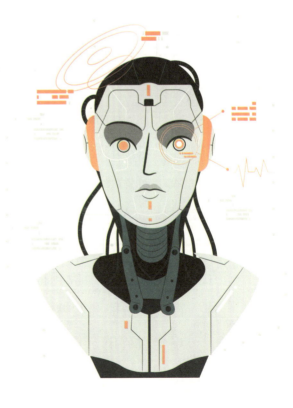

向，毕竟科幻电影中的概念，实际上是现代医学为残疾患者制造义肢的延伸。我们现在其实已经在接触很多人体增强设备，如义肢、体内的某个人造器官……

未来是不是有可能依据功能来定制机械？看来人体器官设计师和改造人制造师们也在抵达我们的世界的途中了。

人类基因改造师

从未来种植到未来机械，如果想要让人变得更加未来一点，可以怎么做？譬如，从源头上的基因下功夫。科学家为了延长番茄的储存期，就曾通过改变基因研制出转基因番茄以及众多转基因食品。那未来基因优化人会不会出现？

关于这一问题的思考，我们可以参考知名编剧和导演安德鲁·尼科尔的影片《千钧一发》。

故事开始于一个极度崇尚基因编辑并逐渐形成基因决定论的世界：人们可以通过基因编辑将身高、智商、患病概率以及寿命等都调至父母的理想值，以至于每个人的命运在出生那一刻便被基因检测报告决定。找工作只需要提交一杯尿样，直接用一根头发就能决定结婚事宜。

这个世界的一切都被"基因优秀论"决定着，因而这个世界被划分为两大阶层：一个阶层是由于支付了高昂的基因编辑费用而处处受到青睐的上等人；另一个阶层则是由于无法支付基因编辑费用而自然分娩的孩子，他们就被当成下等人对待。

影片主人公文森特就是一个自然分娩的孩子。虽然他在成长过程中处处受到歧视，但他依然坚持着自己当宇航员的梦想，可他的基因决定了这并不能实现。在此时，具有优秀基因但却因意外事故而瘫痪的杰罗姆因同样的梦想与文森特

结识，两人随后达成了交易，文森特通过冒名顶替的方式成为宇航员，帮助杰罗姆完成进入太空的梦想，但需要整日携带杰罗的尿样血样、毛发皮屑来应付频繁的检查。

故事的结局兼具励志与无奈。影片中的一名基因改造师虽然看穿了两人的计谋，却因出于保护他们梦想的原因并没有举报，文森特因此有惊无险地实现了梦想。杰罗姆在临别时留下了往后足够用来应付检查的样品，用一句"我只是把身份借你而已，而你却与我分享了梦想"结束了自己的生命。

当下基因编辑技术的发展让人类基因改造师这一职业成为可能。但是，将这一技术真正从动物实验运用到人体实验，还有很长的一段路要走。如果说电影中因为基因编辑而造成的世界并不美好，那就期待我们的少年朋友来创造更美好的未来吧！

修炼元技能，应对变化的未来！

聊完科幻中的未来，让我们把目光收回至当下。

大家平时是否玩过电子游戏？无论你选择哪种"职业"进行开局游戏，在后期都需要你去获取某些"技能"，有些技能是你的职业自带的，有些则需要你通过其他方式"修炼"而成，这也和现实生活中的工作一样。

技能通常被定义为通过有计划、系统和持续的努力而获得的能力，包括认知能力、技术能力、人际交往能力。这种能力可用来顺利而灵活地执行复杂任务，完成工作职能。除了对应特定工作所需的特殊技能外，还有一种适配各种工作的本领，又被称为"元技能"。

元技能是指那些通用的、可适应性的技能。比如下面几个例子中都包含了元技能：

1. 在公开场合发表演讲的能力可以帮助你在各种各样的场合讲话。

2. 站在他人的角度看待问题，这种同理心能力（也叫换位思考能力）可以使你在推荐和沟通的工作中高效完成任务，因为你能够了解和理解客户的看法。

3. 明白"发生在你身上的事情源于你自身"，这也是一种在众多环境下非常有用的能力。

元技能与技能：不止多一元

在普通工作场合所使用的技能通常仅适用于一两种情况，仅可为一类问题提供一种解决方案，它比元技能更为具体化。你通常需要通过较长时间的刻意练习才能学到一项技能，就像学钢琴一样，如果你想成为专业钢琴演奏家，就需要反复练习。

我们所说的元技能具有通用性，这意味着它们在生活和工作中有着极高的价值，可以适用于各个场合。但是元技能通常难以用语言表述，且往往存在于具体技能的背后，我们可能看不到或意识不到它们的存在。

批判性思维

交往和沟通的技能

了解自己的自我意识

适应新变化的创造力

面对逆境适应力

同理心

全局思考

想象力

行动能力

自主学习

美国佛罗里达农工大学新闻系教授杰拉尔德·格罗以自己在出版行业的经历为例，完美地描述了技能和元技能之间的关系。他说：

> 每种职业都是以技能和元技能为基础的。技能是人们必须修炼好的事情，对于一个记者来说，包括报道、写作、正确引用他人的话并避免诽谤。元技能是更高级的技能，可以帮助记者有效使用技能。比如，批判性思维就能让记者的职业技能变得更有效。如果没有元技能，技能就像孩子手中的锤子。

元技能的用途还在于它们可以使你在无须教授的情况下习得或掌握新技能。比如，当你掌握一门外语后，你已经知道这门语言中的词汇是如何组织起来的（语法结构、拼写结构等），再去学习同一语系下的其他语言就会容易很多。

获取与开发：元技能快到我的碗里来！

那么，元技能究竟是怎么产生的？用来学习元技能的很多知识都是以大脑的核心执行功能为基础的。它包括情感控制、弹性思考、工作记忆、自我监控、计划与任务优先级划分、冲动控制、任务发起和组织等认知过程，能帮助我们有意识地控制思想、情感和动作，以此达到我们的目的。

当我们在生活中经历各种各样的事情时，也是我们处理和获取元技能的最佳时刻。在真实世界中遇到的问题，遭遇的环境及人与人之间的交往都可以帮助我们获取通用性技能，掌握规律并获取灵感。

元技能可以在学校、工作单位、旅行和日常生活等各种场景中使用。比如在夏令营中与一大群人交流。与不同文化背景、不同地域及不同年龄层次的人对话可以帮助我们成为一名优秀的沟通者和专注的听众。

应对人工智能时代需要的元技能

美国作家马蒂·诺伊迈尔在《元技能：机器人时代的五种才能》（中文版书名为《像品牌大师一样思考》）一书中曾指出："今天普遍存在的失业问题不是就业危机，而是人才危机。技术正在代替人从事一切不需要高度创造力、人性或领导力的工作。"

他认为创造力比以往任何时候都更为重要。"不幸的是，传统教育几乎毁掉了我们的创造力，只是教会我们效仿、背

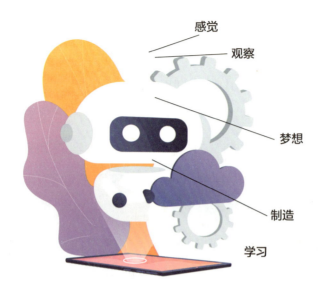

诵、服从和保持成绩。"因此，诺伊迈尔提出，在机器人时代，有五种元技能可以帮助你成功，分别是感觉、观察、梦想、制造以及学习。

感觉： 一种同理心、直觉力和情商才能，其中包括在领导力、艺术或专业服务方面的优势。这一元技能对于从事产品设计、品牌推广、市场营销和销售的人特别有帮助，因为这些工作都特别需要你有"设身处地为客户着想"的能力。当然，感觉也可能出错，因此需要通过观察来均

衡，才能达到最佳效果。

观察： 全局思考的能力，也被称为"系统思考力"。在这里，观察指的是统领全局、整体思考的技能。拥有这样的技能意味着你适合做规划师、分析师、工程师或科研工作者。观察不仅仅是保持理性的能力，在不了解整个体系的动态本质的情况下，也可以保持理性。感觉和观察可以被看成平等的一对，二者结合可以帮助你更好地平衡把握复杂的情况。

梦想： 应用想象力的能力。这是科学家、艺术家或任何进行创新的人的重要元技能。传统工业时代提倡流水线作业，

所以并不鼓励想象力。但是，由于机械枯燥的工作正在被机器所取代，人工智能时代需要更有创造力的人。不过，梦想元技能只有与制造元技能结合在一起才有价值。

制造：掌握设计流程，包括设计原型的技能。这是一种设计和设计思维的技能组合，对于设计师、作家、作曲家、厨师或任何依赖手艺的工作都极其重要。和梦想元技能一样，制造元技能也曾在传统教育课程中被忽略，现在我们迫切需要恢复修炼这一元技能。

学习：自愿学习新技能的自主学习能力。诺伊迈尔把这一元技能形容为五种元技能中的"对生拇指"，因为它可以与其他四种结合使用。这是一种能让你增强其他四种能力的才能。如果你在学习元技能这一项上很强，就可以快速进步。

学习元技能可以让你提高直觉力，加强对整体系统的理解，并充分利用你的想象力。如果你可以通过读书、听讲座或观看演示的方式很快地获得知识，那么你很可能具有较强的学习元技能。

学业成功需要的元技能

人工智能全面发展应用的生活离我们还有些距离，但是我们的少年朋友每天要面对的学业生活却是最真实的元技能修炼场。对学生来说，元技能在学校及其他学习环境中也很重要。它们不仅对你应对未来有用，还对你今天在校学习、迎战考试或取得学习进步很有用，可以说，掌握多种元技能也是你学业成功的关键。

发表在期刊《公共利益中的心理科学》的一篇研究论文探讨了十种不同的学习技巧及其有效性，下面这五种技巧是最有效的，其中涉及的单项技能需要元技能配合才会有效。

习题测验： 1909 年，英国的一位教师埃德温·雅培发表了有关测试效果的第一份实证研究报告，距今已经一百多年。研究证据表明，习题测验确实能提高知识水平和记忆力，而且适用于所有年龄段。其有效性在于环境是"练习"环境，它帮助学生拓展一系列技能，如怎样应对考试环境、培养集中注意力、适应时间约束等。习题测验虽然不会产生考试成绩，但可以帮助学生了解测试环境。

精细实验： 研究表明，当向学生解释"为什么一件事是对的"，而不是"什么是对的"，他们的学习效果会更好，也就是说鼓励学生寻找"为什么"的答案可以促进他们的学习。大多数研究都使用如下这类问题："为什么说……有意义？""为什么这是对的？"或者"为什么这个事实是对的，而别的不对？"研究人员认为，精心设计的实验能够使学生将新的信息与以前的知识相结合，从而帮助他们更好地学习。

自我解释： 没看错，对自己越了解越有助于你的学习。尤其是在阐明你解决问题时的想法或做法时，会帮助你做出决定和培养你的学习能力。阐明解决问题的技巧或者对某些事物的理解，可以让我们更深入地了解自己的元技能能力。研究表明，自我解释能提供一系列的学习成果，尤其是增强记忆和加强理解力。

分散练习： 分散练习是指随着时间的推移不断学习，以提高记忆力，从而促进持久学习。研究表明，持续分段的学习更有利于长期记忆，因为随着时间的推移，多次学习能够加强知识巩固。

做概述： 这是将大量信息概括归纳成几个简洁语句的过程。我们在学习的过程中要接触大量的信息，理解不同的想法如何相互联系是很重要的。要做到这点，一个有效的技巧就是做概述。做概述要求提取课题的深层含义和整体主旨，这样做不仅可以加深学习效果，还可以加强记忆。

对于元技能，解释再多也不如亲身修炼。如果你只是想了解一些事实、掌握一些具体技能，那么你可以较容易地在网上查找信息。但你要知道，智慧和元技能所涉及的是在经验基础上的优化和行为，这就需要你与周围环境互动，花时间思考并进行分析。

持续去探索，让自己拥有超越人工智能的超强元技能吧！

小贴士：如何成为专业人士

从怀揣着对"职业"一知半解的懵懂，到前几章已经可以讨论当下热门的人才类型以及未来岗位，少年朋友们不难发现，从古至今职业需求的变化都在朝着越来越专业化的模式演变，我们在阅读本书的过程中也在不断加深对于"职业"一词以及这个词背后所代表事物的认知。

那么，当我们用"专业"一词来形容某些人的工作水平，或者以此来称赞某些人的工作表现时，你真的了解什么是"专业"吗？

找找看，曾经的"专业"定义是什么

什么是专业？首先区别于大学报考时的"专业"，那仅仅是学校为了培养学生而划分的学业门类。如今可称为"专业"的职业要追溯到 19 世纪。当时从事医疗、教学、工程、社会护理、科学、哲学等学科研究的团体或个人逐渐聚集在一起，形成职业。

专业人士的"专业"，是指建立在专业教育培训基础上的职业，目的是为他人提供客观公正的咨询和服务，由此获得直接和明确的报酬，而完全不为其他的商业利益所左右。

在这样的情境下，专业已经不仅指普通职业。专业人员作为某一知识领域的专家获得了明确的认可，从而辛勤工作、造福社会。专业人员通常认为"专业"是一种"社会契约"或是政府、业内成员和可能使用专业服务的公众之间的一种不成文协议。单个专业已经形成了业内成员应该遵循的道德行为准则。

你可以想象那些我们在影视剧中看到的场景：

某某律师无论是受到生命安全的威胁，还是受到金钱的诱惑，都不为所动，坚守正义，并正义凛然地说道："我可是专业的。"

多点了解，总没有错！

相比于我们对影视作品中的专业人士的刻板印象，在实际求职过程中我们会发现，不论在哪个领域，都有很多成为专业人士的机会。

未来的专业性职业将在传统职业的旧有价值和技能的基

础上，增加新技术带来的新技能和新方式。但还是要强调一点，并不是人人都能成为脑外科医生、火箭专家或电影明星。

在进行专业化的职业选择之前，如果你能从图书馆或网上获取有关某个职业的介绍，你就可以稍微了解这个职业的职责和具体内容。当你对这一职业全面了解后，可以再想想这个职业是否依旧吸引你，想想自己是否适合这一职业。

充分了解永远可以带来更从容的体验。

和传统的"男耕女织"式分工相比，目前的社会不再严格划分仅限男性或仅限女性从事的工作。现代社会，体魄是否强健并不能成为判定与某项工作适配度的唯一标准，反倒是不论男女，知识和技能都更为重要。因此，如果要从事曾经意义上的跨性别的工作，你需要考虑这些决定：

我更愿意担负传统意义上的女性职责还是男性职责？

我是否应该跨越性别偏见，因为我对从事某个特定职业充满热情？

无论对于男性还是女性，在仍由某一性别主导的职业中成为少数性别中的一员甚至会拥有一些优势。

在职业选择前的思考中，权衡一下相互冲突的想法也是个不错的方法。

除了之前提到的单一职业选择，我们现在也越来越常见到将多种职业集于一身的职业选择。他们可能是老师，但是他们工作的对象是大脑受损的人；他们可能是专业规划师，但是在类型上专门设计儿童游乐场；或者是一名专利律师，但同时拥有工程学位和法律学位。不同的职业可能需要再次培训，目前更常见的情况是在已拥有的资格证书的基础上再学习一门别的职业技能，用知识武装头脑。

这里还有一个你选择职业时要考虑的问题：当我有多种兴趣时，我该如何选择未来职业？

要知道，能兼顾兴趣和能力，从而两全其美的情况是不太容易出现的，但最有可能的是让一个兴趣成为你的谋生方式，而另一个兴趣则变成爱好——类似于业余兴趣或个人爱好。仅仅因为这个领域不容易赚钱，这不应成为妨碍你保持兴趣和创造力的理由。你可能听说过，一个人可能同时具备

音乐能力和数学能力——两者似乎利用了相似的脑力。也许许多人都暗暗渴望写一部小说、出一本书，或者创作一个儿童故事。虽然大多数人也知道目前写书并不赚钱，但一个教育水平上升的社会总是需要专业作家的，因此培养你的写作热情也是值得一试的，说不定哪天你就成为名作家了！

在专业的道路上持续进步

现在的我们一般在接受某种职业培训后，就会从事这份职业，譬如教师、医生、律师等。但如今更普遍的情况是，你在探索职业生涯的同时，还会在现有的专业知识上增加或多或少的课程和培训；或者在十年后，你想从工作中抽出时间，在专业领域再进行深造。许多国家都有一套持续的专业培训体系。

对于目前正在阅读本书的少年朋友而言，未来成为专业人士的准备可能包括：

自学。现在正在课堂上学习知识的你就是在准备自己的未来专业，但是除了培训，你也可以自学新技能或在标准课程知识的基础上增加技能。

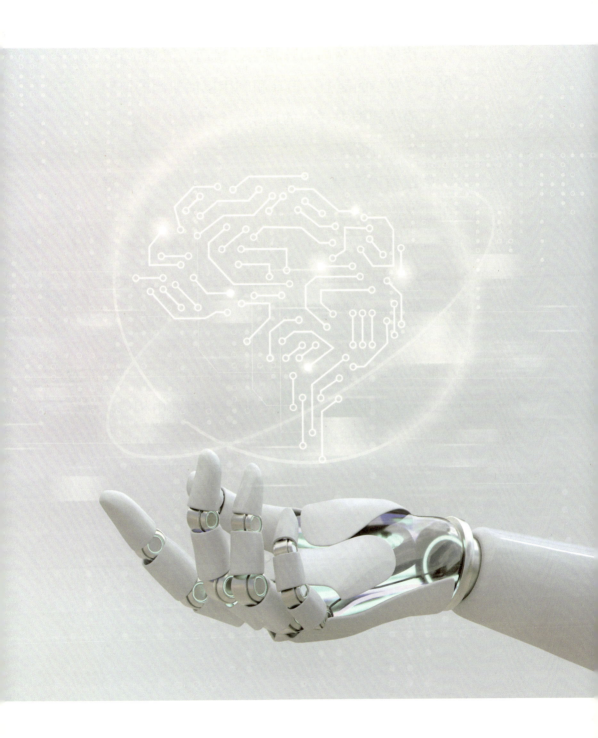

元技能。 包括创造性思维、情商、演讲技巧、运用社交网络的能力、设计和利用反馈机制的能力和强韧的心理能力在内的适用于各个领域的能力，都需要不断训练。

掌握新的工具。 技术，尤其是数字技术发展得如此之快，我们有理由相信，在未来，我们都必须适应不同的做事方式。这将包括与机器人一起工作，使用不同的应用软件，利用增强现实、精确测量、远距离操作等新技术。

持续学习必定是未来职业工作最重要的特点，虽然面对未知的职业未来可能会感到害怕，但我们有理由相信，阅读完本书的你已经可以随机应变、保持好奇心以及热爱并且乐于学习，最终必能克服所有困难，取得自己职业上的成功！

后　记

　　嗨，亲爱的少年朋友，感谢你跟随"职业"的导引一直抵达这里，辛苦啦！相信你一定收获了不少关于"职业"的新理解，我也希望这本薄薄的小书能在你未来的职业选择中起到一点点帮助。

　　要知道，作为编者的我们已经尽可能为你搜罗当下最新的职业资料，但时代与社会也处在不断变革的过程中。未来学家曾预计，随着技术的高速发展，20年后我们的生活将发生巨大变化，而职业形态就是主要变化之一。当我们看到自动驾驶汽车已经在公路上自主行驶，便可以预料出租车司机、网约车司机职业需求的萎缩；当我们看到ChatGPT等一系列通用大语言模型轻松实现人类提出的诸多要求之时，我们就可以预见未来大多数人类工作的内容和形式都要发生改变……

　　其实影响职业的不仅仅是技术，社会变革也是重要因素之一。自动驾驶汽车还没有上路的时候，出租车行业已经受到网约车平台的影响。人类寿命大幅延长；环保、安全越来越受重视；人们的生活理念不断改变……特定职业会以更快的速度消失和诞生，可以终身从事的职业越来越少，一劳永逸的技能不复存在；一个为规定的时间工作而建造的特殊地方已经变得不太重要，线上工作平台的不断完善，让我们看到工作可以对任何人开放，在任何地方完成。

行业分析师曾说，现在 65％ 的已知职业会消失，但正如现有的新职业在 20 年前无法推测出来一样，现在也无法精确推测 20 年后会出现什么样的职业。无论如何，社会的基本规律是存在的，如人们会更重视教育和医疗保健，与此相关的职业需求会增加，等等。

正因如此，亲爱的少年朋友，我们仍然可以有目标地去选择学习方向，可以根据自己的素质和爱好构建自己成为有用的人才类型。我们还应该强化元技能，如感知力、想象力、创造力、同理心、学习能力，以此来帮助我们实现一切梦想。

书本的阅读之旅告一段落，也请你继续向着自己理想当中的未来职业修炼各种能力吧！